Poesías y sonetos

1917

RAFAEL POMBO

CONTENIDO

A LA POESÍA

Vicio divino, que a groseros vicios
Me hiciste despreciar,
Y las mil vanidades y artificios
Del tráfico vulgar;
Sacro elixir que al corazón y al alma
Das juventud sin fin,
Y entre abrojos y fango, etérea calma
Y alas de serafín,
Con que volver al aire primitivo,
Al gusto primicial
Y juicio puro, y al entero activo
Ser todo personal.
Libre del yugo de años mil, y de hombres,
Y de hábito y refrán,
Para llamar las cosas por sus nombres
Otra vez, como Adán;
señalar el cauce del derecho,
Y por sobre el saber
Y modo y ley del hombre, siempre estrecho,
Los del Supremo Ser.
Y así del mar ir a su fuente arcana
Y del acto al motor
Y adelantándose a la marcha humana
Servir de gastador.
O revolar por cuantas cosas bellas
Hizo Dios con querer

Y el alma ufana regalando en ellas
Vivir, sentir, creer.
Genio de amor inagotable, ardiente,
Eterno, universal,
Que a pasado y futuro haces presente,
Y real a lo ideal;
Y a un hombre solo, humanidad entera,
Con cuyo corazón
Toda ella lucha, y cree, ama, y espera,
Y llora su aflicción:
Siempre, ¡oh poesía! te adoré en privado
Como a dios familiar.
Nunca a exponerte me atreví al mercado,
Ni profané tu altar.
Tu néctar mismo, la embriaguez del canto
Fue mi rico laurel,
Y el tierno abrazo, la sonrisa, el llanto
Que arrebaté con él.
Y una, y ciento, y mil veces te bendigo
Por más de un dulce sí,
Y más de un noble corazón amigo
Conquistados por ti,
Ese es mi oro, el único, tú sabes,
A que tengo afición,
Yo que no sueño en poseer más llaves
Que las del corazón.

DECÍAMOS AYER

Como Fray Luis tras de su largo encierro
«Decíamos ayer...» también digamos.
¿Han pasado años? En la cuenta hay yerro,
O nosotros con ellos no pasamos.

Donde ayer lo dejamos, dulce dueño.
Recomencemos. Recogiendo amantes.
Los rotos hilos del antiguo sueño.
Sigamos arrullándolo como antes.

Respetuosa apartemos la mirada
de tumbas que haya entre partida y vuelta.
Y si hubiere una lágrima ya helada
ruede al calor del corazón disuelta.

Olvidemos la herrumbre que en el oro
de la rica ilusión depuso el llanto,
y los hielos que pálido, inodoro
dejaron el jardín que amamos tanto.

Olvidemos el hado que hizo injusto
de nuestros corazones su juguete,
y regalemos la orfandad del gusto
con el añejo néctar del banquete.

¡No es tarde, es tiempo! Olvida la ígnea huella
que al arador pesar cruzó en frente.
Para mis ojos tú siempre eres bella

yo para ti soy llama siempre ardiente:

Llama que hoy mismo a mi pupila fría
surge desde el recóndito santuario
pese a la nieve que en mi sien rocía
el invierno precoz del solitario.

Mírame en estos ojos que tu imagen
extáticos copiaron tantas veces.
Allí estas tú, sin lágrimas que te ajen
ni tiempo que interponga sus dobleces.

Búscame sólo allí, que yo entretanto
en los tiernos abismos de tus ojos
torno a encontrar mi disipado encanto,
la juventud que te ofrendé de hinojos.

¡Mi juventud!, espléndida al intenso
reverberar de tu alma ingenua y pura,
con brisas de verano por incienso,
y por palma de triunfo tu hermosura.

¡Mi juventud!, por título divino
espigadora en todo lo creado;
nauta en persecución del vellocino
de cuanto fuese de tu culto agrado.

Islas de luz del cielo, margaritas
de colgantes jardines y hondos mares,
néctar de espirituales sibaritas,
soplos de Dios a humanos luminares:

Las miradas del sabio más profundas
y del tal vez más sabio anacoreta;
las perlas de Arte, hijas de amor fecundas;
la suma voz de todo gran poeta.

Esas trombas de lírica armonía,
infiernos de pasión divinizados,
en que nos arrebatan a porfía
todos los embelesos conjurados:

Auras de aquella cima do confluyen

Hermosura y Verdad, pareja santa,
y las dos una misma constituyen,
y espíritu de amor sus nupcias canta.

Buscar palabra al silencioso drama
de la contemplación, mística guerra
entre Dios, Padre amante que reclama
al eterno extranjero de la tierra;

y esta madre de muerte, inmensa y bella
Venus que al por nos nutre y nos devora,
y presintiendo que escapamos de ella
con tanto hechizo nos abraza y llora.

Leer amor en tanta ruda espina
que escarnece a la fe y angustia al bueno.
Mostrar flores del alma en la ruïna,
luz en la oscuridad, oro en el cieno.

La flor de cuanto existe, oro celeste,
único que halagando tu alma noble
brindara en vago esparcimiento agreste
a nuestro doble ser regalo doble;

tal era mi tributo. Una confianza,
una sonrisa, una palabra tuya,
retorno abrumador, que en mi balanza
Dios, no un mortal, será quien retribuya.

Pero todo en redor, la limpia esfera,
el bosque, el viento, el pajarillo amable
semejaba, en tu obsequio, que quisiera
pagar por mí la dádiva impagable.

Aún veo sobre el carbón de tus pupilas
el arrebol fascinador de ocaso;
veo la vacada, escucho las esquilas:
va entrando en su redil paso entre paso.

Escucha, recelosa de la sombra,
la blanda codorniz que al nido llama
y al sentirnos parece que te nombra
y que por verte se empinó en la rama.

Escúchate a ti misma entre el concento
de aquella fiesta universal de amores,
cuando nos coronaba el firmamento
ciñéndonos de púrpura y de flores.

Esas flores murieron. Pero ¿has muerto
tú, fragancia inmortal del alma mía?
Años y años pasaron. Pero ¿es cierto
o es visión que existimos todavía?

Juntos aquí como esa tarde estamos,
y el mismo cielo es ara suntuosa
de aquel amor que entonces nos juramos
y hoy, en los mismos dos, arde y rebosa.

Ahí está el campo, el mirador collado,
el pasmoso horizonte, el sol propicio;
la cúpula y el templo no han variado.
Vuelva el glorificante sacrificio.

¿Y no ha herido tal vez tu fantasía
que aquella tarde insólita, imponente,
fue sólo misteriosa profecía
de este rnisteriosísimo presente...?

En aquel hinmo universal, un dejo
percibí melancólico; y al fondo
de una lágrima tuya vi el bosquejo
del duelo que hoy en lo pasado escondo.

Pasó... Pero esa tarde en su misterio
citó para otra tarde nuestra vida.
Y hela aquí. El alma recobró su imperio
del sol abrasador a la caída.

¡La tarde!, la hora del perfecto aroma,
la hora de fe, de intimidad perfecta,
cuando Dios sobre el sol que se desploma
el infinito incógnito proyecta.

Cuanto es ya el suelo en fuego y tintes falto,
es de ardiente el espíritu y profundo;

y abiertas las esclusas de lo alto
flotamos como en brisas de otro mundo.

Ve cómo el blanco Véspero fulgura,
pasando intacto el arrebol sangriento.
¡Es la Amistad!, la roca firme y pura
que sirve a nuestro amor de hondo cimiento.

Nadie dejó de amar si amó de veras.
Cuando en árido tronco te encarnices
con la segur, tal vez lo regeneras
si son como las nuestras sus raíces.

Y antes te sonará más dulcemente
templada en el raudal de los gemidos,
la antigua voz que murmuraba ardiente
la música de mi alma en tus oídos.

¿Han pasado años?... Puede ser. ¿Quién halla
que el Tiempo sólo arrumbe o dañe o borre?
¡Cuánta espina embotó! ¡Qué de iras calla!
¡Su olvido a cuántos míseros socorre!

Para los dos el ministerio suyo
fue de ungido de Dios y extremo amigo.
Te veo sagrada, y sacro cuanto es tuyo,
y como de un cristal al casto abrigo.

En torno a ti, y a cuanto es tuyo, encuentro
halo de luz, atmósfera de santo;
como al santuario a visitarte hoy entro
y algo hay solemne en tu adorable encanto.

¡Dulce es sentir que hay almas, y que aman!
Su amor.inerme el tiempo para ellas.
Las vuelve, al Dios que férvidas aclaman,
Como El las hizo.jóvenes y bellas.

Han pasado años, sí... ¡por fin pasaron!
¡Rudo tropel que atravesó el camino!
Ya, como un nubarrón se disiparon,
Y nuestro sol a reclamarnos vino.

¡Y ande el tiempo, y sin fin rondando siga
La fiel aguja que su afán nos muestra!
¿Qué hora marcará que no nos diga:
«Aquí os amasteis; yo también soy vuestra?».

En todo grato sueño nos parece
Que ya lo hemos soñado: ese es su hechizo.
Mi mejor sueño a ti te pertenece;
En ti el pasado mágico realizo.

Como a la aparición del rey del día,
De entre la nada lóbrega que espanta,
Brota un mundo de vida y poesía
En que todo ama y resplandece y canta;

Así tú para mí: foco potente.
Núcleo de una creación que he poseído,
Llegas, y en torno a ti surge esplendente
Mi portentoso hogar, y en él resido.

Y el corazón se me abre inmenso, en alas
De música ideal que lo acaricia;
Y tanto aroma y fuego en mi alma exhalas
Que a un tiempo vivo y muero de delicia.

Y tú y yo, tierra y cielo, mente y acto,
Hoy y ayer, la esperanza y la memoria,
Todo ya es uno, en inefable rapto,
Fruición anticipada de la gloria.

Y esa es la juventud: el fugitivo
Presagio de la eterna, que al conjuro
Vuelve de Amor, como en miraje esquivo,
A enseñarnos un bien siempre futuro.

¿Y el sueño cuál será? ¿La no apagada
Luz, o esta bruma efímera de invierno?
¡Ah! lo que pasa no es: es sombra, es nada;
Y no hay más que una realidad: lo Eterno.

Atando el hilo roto un largo instante
Sigamos, pues, llorada compañera,
Hacia atrás, y a la par hacia delante.

A nuestro gran será que hace años era.

Como Fray Luis saliendo del profundo
«Decíamos ayer» también digamos:
Corra el tiempo del mundo para el mundo
Nuestro tiempo, en el alma lo llevamos.

ELVIRA TRACY

¡He aquí del año el más hermoso día
Digno del paraíso!, es el temprano
Saludo que el otoño nos envía
¡Son los adioses que nos da el verano!

Ondas de luz purísima abrillantan
La blanca alcoba de la dulce Elvira
Los pajarillos cariñosos cantan,
El perfumado céfiro suspira.

He allí su tocador: aún se estremece
Cual de su virgen forma al facto blando.
He allí a la Madre de Jesús: parece
Estar sus oraciones escuchando.

¡Un féretro en el centro, un paño, un Cristo!
¡Un cadáver! ¡Gran Dios!. . . ¡Elvira!. . . ¡Es ella
Alegremente linda ayer la he visto,
¿Y hoy?. . . hela allí. . . ¡solemnemente bella!

¡No ha muerto: duerme! ¡Vedla sonreída!
Ayer, en esta alcoba deliciosa,
Feliz soñaba el sueño de la vida
¡Hoy sueña el de otra vida aún más dichosa!

Ya de la rosa el tinte pudibundo
Murió en su faz; pero en augusta calma
La ilumina un reflejo de otro mundo

Que al morir se entreabrió para su alma.

Ya para los sentidos no se enciende
La efímera beldad de arcilla impura;
Mas, tras de ella, el espíritu sorprende
La santa eternidad de otra hermosura.

Cumplió quince años: ¡ay! edad festiva,
¡Más misteriosa y rara, edad traidora!
¡Cuando es la niña para el hombre esquiva,
Y a los ángeles férvida enamora!

¡Pobre madre! ¡del hombre la guardaste,
Pero esconderla a su ángel no supiste!
¡La vió, se amaron, nada sospechaste,
Y en impensado instante la perdiste!

Vio al expirar a su ángel adorado,
Y abrió los ojos al fulgor del cielo,
Y dijo: el sacrificio ha terminado,
¡Ven vámonos a casa! y tendió el vuelo.

¡Por eso luce tan hermoso el día,
Indiferente al llanto que nos cuesta!
Hoy hay boda en el cielo: él se gloría:
¡La patria de la novia está de fiesta!

EN EL NIÁGARA

Dedicada en prenda de respetuosa admiración y de profundo reconocimiento a la señora María Juana Christie de Serrano

Ahí estás otra vez. . . ! El mismo hechizo
Que años ha conocí, monstruo de gracia,
Blanco, fascinador, enorme, augusto,
Sultán de los torrentes,
Muelle y sereno en tu sin par pujanza.
¡Ahí estás siempre el Niágara! Perenne
En tu extático trance, en ese vértigo
De voluntad tremenda, sin cansarte
Nunca de ti, ni el hombre de admirarte.

¡Cómo cansarse! La belleza activa,
La siempre viva, porque siempre pura,
No puede fatigar. Hija perfecta
Sin medio humano, del excelso fiat
Que perpetuaron leyes inviolables
En su incesante acción; mimada hermana
Del firmamento, de la luz, del aire;
Huésped no expulsado del edén perdido;
Esta hermosura es creación constante
Y original, donde trasciende el soplo
De su autor soberano. Algo nos dice
Que allí está Dios: el néctar de embeleso
Y de reparación que a un tiempo mana.
Al contemplarla en nuestro fondo bullen
Los dormitados gérmenes divinos,

Cual hierve al sol el ánima viviente
De la naturaleza; y surge ansioso
El amor de familia, el de la eterna
E indisoluble y como al mar la gota
Emancipada al fin de térreos lazos,
Como del pecho de la madre el niño,
Mudos de íntimo gozo nos prendemos
En comunión de eternidad con ella.

¿Podrá Dios fatigar? ¡Ah! en lo que hastía
Hay encanto letal, triste principio
De inercia, hostil a Dios, germen de muerte,
Gangrena de Las almas secuestradas
De su raudal vivífico...
Mas ¿dónde
Mi mente descendió? Llámala al punto,
¡Oh Niágara! y en ti la imagen vea
De las almas triunfantes; mire al héroe
Sublime en su martirio; al genio mire
Sereno en la conciencia de su fuerza.
Distráeme, diviérteme, museo
De cataratas, fábrica de nubes;
Mar desfondado al peso de tus ondas;
Columnas que un omnipotente Alcides
Descolgó del Olimpo, entre dos vastos
Mediterráneos piélagos de un mundo.

Sigues, gigante excéntrico, gozando
Tu solitaria, inmemorial locura,
Digna de un Dios. Descadenada sueltas
Del valle por la rápida pendiente
Tu oceánica mole, y poseído
Del rapto a que impetuoso te abandonas
Ebrio del regocijo de tu fuerza,
No adviertes que ya el hombre ha sorprendido
Este retozo de titán, violando
La agreste soledad, y que en tus bordes
La hormiga semidiós bulle y se empina
A medirse contigo. .. ¡Ah, qué te importa!
No cabes en la tierra, y de un arranque
Vas a tomar por lecho el océano.

De los más lejos términos del globo

A visitarte viene y a elevarse
Con tu contemplación, reconociéndote
Sin rival hermosura. En tus orillas
Un sentimiento en lenguas mil proclamas
La grandeza de Dios y el inocente
Triunfo de la inmortal naturaleza.
Heredia te tributa entusiasmado
El Niágara de su alma, pavoroso
Muy más que el de tus ondas; el activo
Cíclope anglosajón, probando al mundo
Que es digno amo de ti, con puente aéreo
Salva tu abismo inmenso, y por su mano
Te da su abrazo atlético de hierro
Esto que el hombre (insecto de un instante
Y atolondrado por su instante) llama
La civilización. El cielo mismo
Tiende a tus pies esos divanes de ángeles,
Nácar del firmamento, y oponiendo
A un puente, mil; al arte de los hombres
El del Señor, suspende caprichoso,
Cual la sonrisa de la paz del alma
Entre los estertores del que muere,
Su iris tranquilo en medio a tu desastre.

Basta para tu gloria, insigne muestra
Del manantial de las bellezas; ara
De la perpetua admiración del hombre.
Yo, nada podré darte, aunque aspirara
A unir mi nombre a tu famoso nombre;
Que soy la misma sombra que otro día
A tus umbrales se asomó impasible.
Fantasma evanescente que en silencio
Va arravesando entre tu niebla fría. . .
Si al estruendo volcánico, profundo
De tu derrumbamiento, cimbra en torno
La tierra estremecida, el viento llora
Y aún tu cuenca de piedra conmovida,
Sonora te responde; ¡ay! entretanto
Sordo mi corazón no te percibe
Ni en mi alma hierve el frenesí del canto.

Pero ¿qué a ti, si el mismo de aquel día
Ahí estás, en tu pompa y magno aliento,

Como yo aquí, perenne en mi aislamiento
Y en su tedio infinito el alma mía?
Hoy te recorren otra vez mis ojos,
Mustios y melancólicos como antes.
Divino anfiteatro

Do entre un misterio de borrasca y nieblas
Luchan, cual en eterna pesadilla,
Monstruos de roca y amazonas de agua.
En mí no hay lucha, no; y en tu presencia,
Más que tu alta beldad, me maravilla
Mi absorta postración, mi indiferencia.

Ese lago de leche que dormido
Yace a tus pies; esas tendidas hojas
De cuajada esmeralda, opacas, turbias,
Manto marino que tu cauce vela,
Cuyas inertes, aplanadas olas
Atónitas al golpe, ignoran dónde
Seguir corriendo; ese ancho remolino
Que abajo las aguarda, y retorciéndose
Al empuje del mar que los violenta
Yérguese al centro, y cual pausada boa
En silencio fatal se enrosca, y nunca
Suelta la presa que atrayente arrolla
Allí más bien estoy; ese el mar muerto
De mi existencia, y el designio arcano
Que en giro estéril me aletarga y me hunde.

¿Dónde, oh Heredia, tu terror? Lo anhelo
Y no puedo encontrarlo. ¡Ah! no serías
Tan infeliz cuando esto te aterraba.
Si aquí la dicha palidece y tiembla,
Aquí por fín respira
La desesperación: sobre estos bordes
Alza ella sus altares; de ese abismo
En el tartáreo fondo
A voluptuosidades infernales
Un genio tentador la está llamando. . .
No, nada alcanza a dar pavor en toda
La alma naturaleza; el mal más grave
Que hace, es un bien: servirnos una tumba,
Un lecho al fatigado. Ella es un niño,

Siempre inocente, y candorosa, y dulce,
Nodriza; en fin que la bondad del cielo
Concedió al hombre...
El hombre, ese es el monstruo
(Bien lo supiste, Heredia) ese es el áspid
Cuyo contacto me estremece; el áspid
Que cuerpo y alma pérfido emponzoña.
Sempiterno satán de ajenas vidas
Y aun de la propia; turbador de tanto
Terrenal paraíso que natura
Brinda obsequiosa, y de cualquiera escena
De orden y paz, beldad que a su memoria
Presentará la aborrecida imagen
Del malogrado bienestar celeste.
El hombre, injerto atroz de ángel y diablo,
Enemigo mortal de cuanto asciende
La escala etérea en descollante copia
De la Divinidad. . ¡Aporte, oh monstruo!
¡Aquí Naturaleza! Yo, a la vista
De este rio de truenos.fulgurante
Cometa de Las aguas.no querría
Si no abrazarme dél, como aquel iris
Que en su columna espléndida serpea.
Y como él, ni sentido, ni sensible
Desaparecer... Eres tan grande, oh Niágara,
Es tan irresistible tu embeleso,
Tu majestad, que el infortunio humano,
A no haber otro dios, te adoraría;
Dios de la blanda muerte, a quien en vano
Jamás acudiría
A descargar su insoportable peso...

.¿Perdón, oh madre mía,
Mártir idolatrada! Hoy es la fecha
En que allá en nuestro hogar, alegre un tiempo,
Tu nombre festejábamos. ¡Imploro
De hinojos tu perdón! No es culpa tuya
Deberte yo tan miserable vida.
Hoy me salvas de nuevo; hoy, por ti sola,
Por tu ternura infatigable, ardiente,
Tu hijo infeliz se inmola,
Se inmola, sí, viviendo nuevamente...

Aquí, al salir del templo, venir usan
Los desposados. Su segundo templo,
Su ara de amor es ésta; aquí se sienten
Como fuera del mundo, y ya en Los brazos
De ese Dios, todo amor, todo clemencia,
Que los bendijo; y al más bello y puro
Torrente arrojan el jazmín primero
De su fresca guirnalda...
Duérme, duérme.
Casta y dulce visión! duérme al arrullo
Del mismo padre Niágara que un día
Recién nacida te arrulló,(1) y no ha mucho

Recién feliz te prometió arrullarte.
Duérme, y al par que a tus guirnaldas llegue
El perdurable réquiem que él te canta.

Llegue a tu alma mi oración profunda,
Llegue mi bendición a tu memoria.
Bendita porque amaste; más bendita
Por no ser ya mujer, porque moriste,
Y desapareciste, y descansaste,
Y descansó mi espíritu en tu fosa.
Todo acabó, perfectamente todo,
Como el Señor lo quiso... Hoy el ausente
Regresa al fin cerca de ti. Bien cerca
Estamos otra vez: tú en tu sepulcro
Muerta, es verdad. . . y yo quizá más muerto
Que tú. sobreviviéndome a mí mismo...

¡Silencio, paz! No turbarán mis voces
A la que fue; más fácil turbarían,
Niágara, tu tremendo arrobamiento.

En ti parece que comienza el mundo
Soltándose de manos del Eterno
Para emprender su curso sempiterno
Por el éter profundo
Eres el cielo que a cubrir la tierra
Desciendes, y velada en blancas nubes
La majestad de Dios baja contigo.

Siempre nuevo, brillante, en movimiento

Siempre fecundo, poderoso y fuerte
Como el vivo raudal de hirviente savia
Que de los pechos deslumbrantes brota
De la madre común naturaleza,
Despliegas tu grandeza en tu caída,
Y alzas de aquel abismo al firmamento
El himno de la fuerza y de la vida.
Mas para mí la vida es un sarcasmo,
Mi mundo ha concluído
Mi alma es hoy incapaz del entusiasmo
Y al quererte cantar, mi canto fuera
Del despecho el rugido,
O un de profundis de cansancio y muerte.

Por variar de tedio únicamente .
A contemplarte, Niágara, he venido;
Y al volverte la espalda indiferente
Limpio de tu vapor mi helada frente
Y te pago tu olvido con olvido.

LO DESCONOCIDO

¿Qué instinto misterioso al hombre inclina
Al despego y frialdad por todo aquello
Que ya conoce, y a vestir de encanto
Y aun perseguir con afanosa industria
Todo lo que le es desconocido?

La cumbre azul de inaccesible monte,
La temblorosa estrella, el pajarillo
Que canta y no se ve, la forma vaga
Que definir las sombras no permiten;
El raudal que velado entre hondo bosque
Estrepitoso se derrumba; el río
Que por arcos de selva entrando vemos
A otro mayor do navegando vamos;
Una frase fugaz de amiga boca
Que a medias, percibimos; un sarao
Desde afuera escuchado; un pie que asoma
La media estrofa de un papel rasgado;
La inscripción rota, la actitud y asunto
Del torso antiguo, el fondo del estanque,
Los remotos orígenes del Nilo;
La ignota mano que escribió un billete
La nave que en la bruma se consume;
El crepúsculo incierto, grato al alma
Muy más que el esplendor del mediodia;
Los cuasi temas, los acordes sueltos
Que de lejana música nos traen
Las ráfagas del viento caprichosas;

El recién muerto, cuyo gesto inmóvil
Calla pertinazmente el gran secreto
Que fascinada el alma le pregunta;
El héroe muerto en flor, que siempre excede
A cuantos su epopeya remataron...
Hay en todo eso el íntimo atractivo
De lo desconocido o lo incompleto
Que a investigar o a completar provoca.

Oigo en todo eso un ¡búscame! irritante;
Imán de lo infinito a lo finito;
O una belleza de ilusión que acaso
La belleza real no alcanza nunca .
Parece que abrigara el alma humana
Tipos de toda perfección , los cuales
En infalible idealidad modelan
Los breves elementos que reciben;
Mientras que, si tentamos coronarlo
Con nuestros medios materiales, todo
De los sentidos la torpeza acusa.

Pero ese afán perseguidor envuelve
La mejor lucha de la vida, y llenos
Siglos y tierra están de sus conquistas.
De allí la ciencia, progresiva marcha
De lo noto a lo ignoto, a la cual deben
El cielo estrellas, y la tierra un mundo;
De allí el perdido Edén y de allí el Arte,
Cazador de hermosura, que delira
En volver a encontrar el Paraíso
De allí la Historia, la locuaz curiosa;
De allí el Amor, pues siempre en lo que amamos,
Algo, a nuestro pesar, desconocemos;
Y de allí, el desamor para el ingenio
Que, como un libro de escolar, permite
Que el corazón le aprenda de memoria;
Allí la Fe, visión de lo invisible;
Allí, en fin, el instinto, la conciencia
De un destino inmortal; de algo que abraza
Juntos misterio y solución de todo;
Unidad, perfección de perfecciones;
Causa primera y fin de cuanto existe;
Consciente posesión de lo absoluto

Ardiente vida en éxtasi inefable.

NOCHE DE DICIEMBRE

Noche como ésta, y contemplada a solas
No la puede sufrir mi corazón:
Da un dolor de hermosura irresistible
Un miedo profundísimo de Dios.

Ven a partir conmigo lo que siento,
Esto que abrumador desborda en mí;
Ven a hacerme finito lo infinito
Y a encarnar el angélico festín.

¡Mira ese cielo!... Es demasiado cielo
Para el ojo de insecto de un mortal
Refléjame en tus ojos un fragmento
Que yo alcance a medir y a sondear.

Un cielo que responda a mi delirio
Sin hacerme sentir mi pequeñez;
Un cielo mío, que me esté mirando
Y que tan sólo a mí mirando esté.

Esas estrellas . . . ¡ ay, brillan tan lejos!
Con tus pupilas tráemelas aquí
Donde yo pueda en mi avidez tocarlas
Y apurar su seráfico elíxir.

Hay un silencio en esta inmensa noche
Que no es silencio: es místico disfraz
De un concierto inmortal. Por escucharlo

Mudo como la muerte el orbe está.

Déjame oírlo, enamorada mía
Al través de tu ardiente corazón:
Sólo el amor transporta a nuestro mundo
Las notas de la música de Dios.

El es la clave de la ciencia eterna,
La invisible cadena creatriz
Que une al hombre con Dios y con sus obras,
Y Adán a Cristo, y el principio al fin.

De aquel hervor de luz está manando
El rocío del alma. Ebrio de amor
Y de delicia tiembla el firmamento,
Inunda el Creador la creación.

¡Sí, el Creador! cuya grandeza misma
Es la que nos impide verlo aquí,
Pero que, como atmósfera de gracia,
Se hace entretanto por doquier sentir. . .

Déjame unir mis labios a tus labios,
Une a tu corazón mi corazón,
Doblemos nuestro ser para que alcance
A recoger la bendición de Dios.

Todo, la gota como el orte, cabe
En su grandeza y su bondad. Tal vez
Pensó en nosotros cuando abrió esta noche,
Como a las turbas su palacio un rey.

¡Danza gloriosa de almas y de estrellas!
¡Banquete de inmortales! Y pues ya,
Por su largueza en él nos encontramos,
De amor y vida en el cenit fugaz.

Ven a partir conmigo lo que siento,
Esto que abrumador desborda en mí;
Ven a hacerme finito lo infinito
Y a encarnar el angélico festín.

¿Qué perdió Adán perdiendo el paraíso

Si ese azul firmamento le quedó
Y una mujer, compendio de Natura,
Donde saborear la obra de Dios?

¡Tú y Dios me disputáis en este instante!
Fúndanse nuestras almas, y en audaz
Rapto de adoración volemos juntas
De nuestro amor al santo manantial.

Te abrazaré como la tierra al cielo
En consorcio sagrado; oirás de mí
Lo que oidos mortales nunca oyeron,
Lo que habla el serafín al serafín.

Y entonces esta angustia de hermosura,
Este miedo de Dios que al hombre da
El sentirlo tan cerca, tendrá un nombre
Eterno entre los dos: ¡felicidad!

La luna apareció: sol de las almas
Si astro de los sentidos es el sol.
Nunca desde una cúpula más bella
Ni templo más magnífico alumbró.

¡Rito imponente! Ahuyéntase el pecado
Y hasta su sombra. El rayo de esta luz
Te transfigura en ángel. Nuestra dicha
Toca al fin su solemne plenitud.

A consagrar nuestras eternas nupcias
Esta noche llegó... ¡Siento soplar
Brisa de gloria, estamos en el puerto!
Esa luna feliz viene de allá.

Cándida vela que redonda se alza
Sobre el piélago azul de la ilusión,
¡Mírala, está llamándonos! !Volemos
A embarcarnos en ella para Dios!

OUR LIFE IS TWOFOLD

Doble es el hombre; ángel y bestia unidos
Disputándose el cetro en lucha ingrata.
Doble es el mundo: -espíritu y sentidos,
Cada cual en su mundo se dilata.
Doble es la vida: a todos los nacidos
El tiempo a un doble fin nos arrebata,
Nudo entre lo visible y lo invisible,
El polvo y Dios, lo eterno y lo finible.

PRELUDIO DE PRIMAVERA

Ya viene la galana primavera
Con su séquito de aves y de flores,
Anunciando a la lívida pradera
Blando engramado y música de amores.

Deja ¡oh amigo! el nido acostumbrado
Enfrente de la inútil chimenea;
Ven a mirar el sol resucitado
Y el milagro de luz que nos rodea.

Deja ese hogar, nuestra invención mezquina
Ven a este cielo, al inmortal brasero
Con que el amor de Dios nos ilumina
Y abrasa como padre al mundo entero.

Ven a este mirador, ven y presencia
La primera entrevista cariñosa
Tras largo tedio y dolorida ausencia
Del rubio sol y su morena esposa;

Ella no ha desceñido todavía
Su sayal melancólico de duelo
Y en su primer sonrisa de alegría
Con llanto de dolor empapa el suelo.

No esperaba tan pronto al tierno amante
Y recelosa en su contento llora.
Y parece decirle sollozante:

¿Por qué si te has de ir vienes ahora?

Ya se oye palpitar bajo esa nieve
Tu noble pecho maternal, Natura
Y el sol palpita enamorado y bebe
El llanto postrimer de tu amargura.

"¡Oh, qué brisa tan dulce!.va diciendo.
Yo traeré miel al cáliz de las flores;
Y a su rico festín ya irán viniendo
Mis veraneros huéspedes cantores",

¡Qué luz tan deliciosa! Es cada rayo,
Larga mirada intensa de cariño,
Sacude el cuerpo su letal desmayo
Y el corazón se siente otra vez niño.

Esta es la luz que rompe generosa
Sus cadenas de hielo a los torrentes
Y devuelve su plática armoniosa
Y su alba espuma a las dormidas fuentes.

Esta es la luz que pinta los jardines
Y en ricas tintas la creación retoca;
La que devuelve al rostro los carmines
Y las francas sonrisas a la boca.

Múdanse el cierzo y ábrego enojosos
Y andan auras y céfiros triscando
Como enjambre de niños bulliciosos
Que salen de su escuela retozando.

Naturaleza entera estremecida
Comienza a preludiar la grande orquesta,
Y hospitalaria a todos nos convida
A disfrutar su regalada fiesta.

Y todos le responden: toda casa
Abrese al sol bebiéndolo a torrentes.
Y cada boca al céfiro que pasa,
Y al cielo azul los ojos y las frentes.

Al fin soltó su garra áspera y fría

El concentrado y taciturno invierno,
Y entran en comunión de simpatía
Nuestro mundo interior y el mundo externo.

Como ágil prisionero pajarillo
Se nos escapa el corazón cantando.
Y otro como él y un verde bosquecillo
En alegre inquietud anda buscando:

O una arbolada cumbre, deslizante
Sobre algún valle agreste y silencioso,
Desde donde cantar en dueto amante
Un Dios tan bueno. un mundo tan hermoso:

Una vida tan dulce, cuando al lado
Hay otro corazón que nos lo diga
Con un cerrar de mano alborozado
O una mirada tiernamente amiga;

Un corazón que para el nuestro sea
Luz de esa vida y centro de ese mundo
Hogar del alma, santa panacea
Y abrevadero al labio sitibundo...

Por hoy el ave amante busca en vano
Su ara de amor, su plácida espesura:
Que ha borrado el Artista Soberano
Con cierzo y nieve su mejor pintura.

Pero no desespera, oye una pía
Voz misteriosa que su instinto encierra
De que así como al alma la alegría
Volverá la alegría de la tierra;

Al jardín, con sus flores, la sonrisa;
Y al mustio prado la opulenta alfombra;
Rumor y olor de selvas a la brisa,
Y al bosque los misterios de su sombra.

Nuevo traje de fiesta a todo duelo,
Nueva risa de olvido a todo llanto;
¿Y a mí?. . . Tal vez el árido consuelo
De recordar mi dicha al son del canto.

Quizá, como a su cebo emponzoñado,
Vuelve la fiera que su mal no ignora,
Iré ya solo, y triste, y olvidado
A esos parajes que mi mente adora...

¿Habrá sido todo eso una quimera
Que al fuego del hogar vi sin palparla?
¡Ah! fue tan dulce, que morir quisiera
Antes que despertar y no encontrarla. . .

Tú que aún eres feliz, tú en cuyo seno
Preludia el corazón su abril florido,
Vaso edenal sin gota de veneno,
Alma que ignoras decepción y olvido:

Deja ¡oh paloma! el nido acostumbrado
Enfrente de la inútil chimenea;
Ven a mirar el sol resucitado
Y el milagro de luz que nos rodea.

Ven a ver cómo entre su blanca y pura
Nieve, imagen de ti resplandeciente
También a par de ti la gran Natura
Su dulce abril con júbilo presiente.

No verás flores. Tus hermanas bellas
Luego vendrán, cuando en el campo jueguen
Los niños coronándose con ellas;
Cuando a beber su miel las aves lleguen.

Verás un campo azul, limpio, infinito,
Y otro a sus pies de tornasol de plata,
Donde, como en tu frente, ángel bendito,
La gloria de los cielos se retrata.

Nada hay más triste que un alegre día
Para el que no es feliz; pero en mi duelo
Recordaré a la luz de tu alegría
Que un tiempo el mundo para mí fue un cielo.

VALSANDO

Casta madonna del siglo trece,
En fondo de oro la blanca luna;
Un cielo inmenso, sin mancha alguna,
que al que lo mira rejuvenece,
Y en su éter puro nos desvanece,
Dando alas de ángel al corazón:
Y en mis oídos vibrando el rápido
Vals embriagante de aquellos días
En que girando loca de júbilo
Entre mis brazos amanecías,
Y negra hallábamos el alba hermosa
Que con sus tintas de perla rosa
Nos daba el toque de dispersión.

En esta noche, bajo este cielo,
A sus compases inflamadores,
Que alegre mi alma levanta el vuelo
Y torna al cielo de sus amores,
ya percibe tu aura de flores,

Y
Y el dulce peso...
de tus amores.

DE NOCHE

No ya mi corazón desasosiegan
las mágicas visiones de otros días.
¡Oh Patria! ¡oh casa! ¡oh sacras musas mías!...
¡Silencio! Unas no son, otras me niegan.

Los gajos del pomar ya no doblegan
para mí sus purpúreas ambrosías;
y del rumor de ajenas alegrías
sólo ecos melancólicos me llegan.

Dios lo hizo así. Las quejas, el reproche
con ceguedad. ¡Feliz el que consulta
oráculos más altos que su dueño!

Es la Vejez viajera de la noche;
y al paso que la tierra se le oculta,
ábrese amigo a su mirada el cielo.

LA MEMORIA

¡Oh perfecto presente del pasado,
Vida de tanto amado ausente y muerto,
Que poblando aquel fúnebre desierto
Burlas del tiempo el hierro despiadado!

En mi hoy, más prosaico y desolado
Que el muerto ayer, me ofreces más de un puerto
Do a buscar vuelvo en mi soñar despierto
Un asilo poético y sagrado:

Un temple a cuya entrada unjo con llanto
El corazón, y en otro mundo, el eco
De inolvidables voces, oro y canto,

¿Será tal fruición juego, embeleso
Y no fiel prenda, misterioso rito,
Aurora boreal de lo infinito?